Herbert Achternbusch, 1938 in München geboren, lebt in Buchendorf. Veröffentlichungen: *Hülle* (1969), *Das Kamel* (1970), *Die Macht des Löwengebrülls* (1970), *Die Alexanderschlacht* (1971), *L'État c'est moi* (1972), *Der Tag wird kommen* (1973), *Die Stunde des Todes* (1975), *Land in Sicht* (1977), *Es ist ein leichtes beim Gehen den Boden zu berühren* (1980), *Achternbusch Werke.* 3 Bände (1978).

Ein Haftentlassener versorgt sich mit rohen Eiern. Im Hauptbahnhof wird er mit einem Filmemacher verwechselt. Einer Reporterin gibt er ein Interview. Er braucht eine Frau, aus der er einen Star machen kann. In Frage kommt nur die Wirtin der Gastwirtschaft Zum Neger Erwin, wo er vormals angestellt war, und zwar als Neger angestellt, weil seit Jahrhunderten der Wirtschaft das Recht geschrieben ist, einen Neger als Hund zu halten. Eine starke Dame hilft ihm, über das Land zu kommen, durch die Polizei, vor die Wirtin: so einfach war das früher alles nicht und so einfach wird es zukünftig nicht werden, wie sich das Herz und Kopf vorstellen. Auf dem Gelände des zur Wirtschaft gehörenden Großwildparks kleinkrämern jetzt Norddeutsche. Die Tiere sind jetzt ausgestopft in der Scheune. Nur ein Nilpferd ist noch am Leben, leidend, weil es den letzten Neger verschluckt hat, der Wärme in seinem Maul gesucht hatte. Ein in die Wirtin unglücklich verliebter Kranführer springt vom Kran. Dabei schiebt ihm der Filmemacher das Nilpferd unter. Durch den Aufprall gibt das Nilpferd den halbverdauten Neger frei. Dabei dreht die Wirtin durch. Für den Rest des Abends leitet die starke Dame die Wirtschaft, die der Filmemacher in Begeisterung und Aggression zu treiben weiß.

suhrkamp taschenbuch 682

Herbert Achternbusch
Der Neger Erwin

Filmbuch

Suhrkamp

suhrkamp taschenbuch 682
Erste Auflage 1981

Satz: Philipp Hümmer, Waldbüttelbrunn
Druck: Nomos Verlagsgesellschaft, Baden-Baden
Printed in Germany
Umschlag nach Entwürfen von
Willy Fleckhaus und Rolf Staudt

Inhalt

Der Neger Erwin
Szenen aus dem Film

Ein Haftentlassener wird von einer Reporterin für einen bekannten Filmemacher gehalten.

Drei Damen am Walchensee halten ihn für einen bekannten Verbrecher.

Er hält sich selbst für einen Filmemacher.
Eilends marschiert er zur Frau seines Lebens,
aus ihr einen Star zu machen

Eine Dame nimmt ihn mit,
auch sie hält er für den Film geeignet.

Er testet ihre Körperkraft, die sie so schätzt.

ERWIN

Drei Männer möchten der Nachfolger
eines Negers werden.

Ein Gesichtsausdruck: die Wirtin Susn,
die Frau seines Lebens.

Seit Jahrhunderten hält sich die Wirtschaft Neger, seit dem letzten Krieg nur noch weiße Neger.

SUSN Es ist nicht einfach, den ganzen Tag arbeiten und den ganzen Tag schön sein, wie das die Wirtschaft von mir verlangt. ERWIN Aber das ist doch genau der Beruf einer Filmschauspielerin!

Susn erkennt ihren Neger Erwin, der ihr der liebste war, aber er sei ein Filmregissör?

LEUTNANT Ich sehe nur Affen,
die sich lausen und keinen Deut einer
militärischen Vernunft.

Das Mitleidstrio.

Ein Kranführer ist der Wirtin verfallen.
Er wird sich vom Kran stürzen.
Noch interessiert ihn eine Italienerin.

ERWIN Darf ich dabei ein wenig Regie machen?

ERWIN Da werde ich wieder jammern,
wenn ich wieder von dir weg bin!
SUSN Jammern? Bleib doch da!

Beim Tanz werden seine Eier zerdrückt,
mit denen er sich
sicherheitshalber versorgt hat

Da haben die Frauen etwas zu schauen

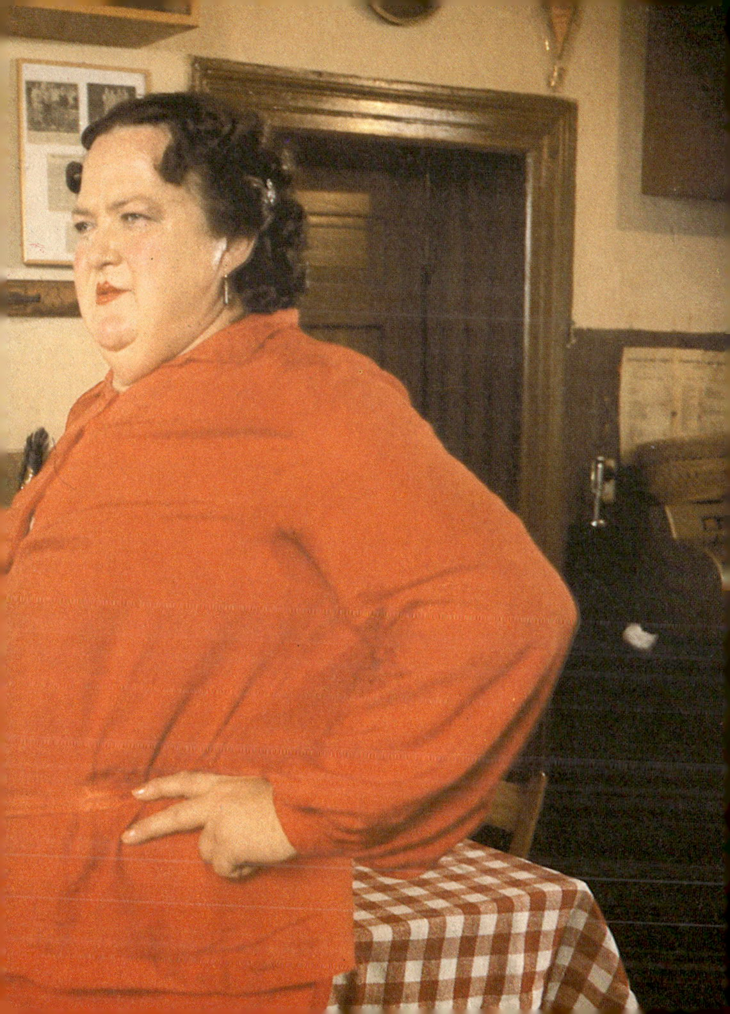

Der Kranführer kratzt seine Liebe ins Pissoir.

DM

Ausgestopft steht die Vergangenheit
in der Scheune.

Susns Bruder bewacht sie.

Und das ist die Hundehütte,
in der die Neger hausen.

Ein Stück Vergangenheit lebt:
Mamba Anita, aber sie ist krank.
Sie hat den letzten Neger verschluckt.

München

Statt einem Drehbuch hat Erwin eine Schnupftabakdose, die trägt er immer in der Hose.

Sterbenskrank schiebt sich der Kranführer in die Nacht.

BERT 100 Mark geb ich dir,
wenn ich in deinem Film auch was
sagen darf.

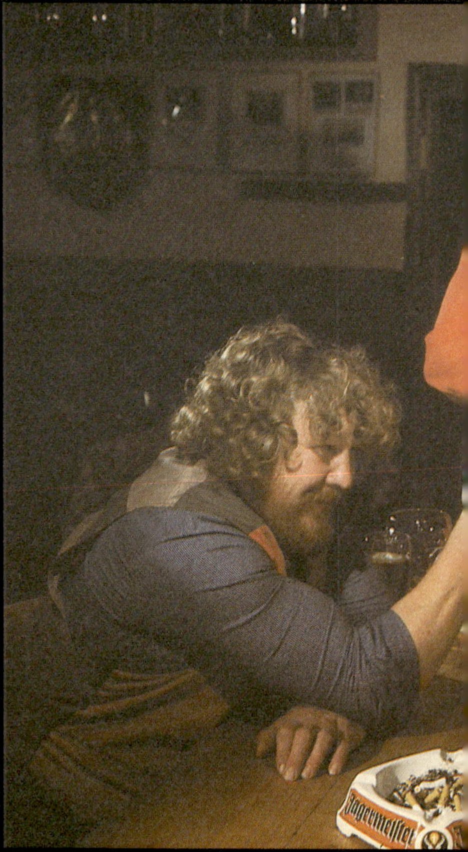

DAME Mit der Druckerei könnts ruhig aufhören. Die Wirtin mag keine Neger mehr.

ERWIN Wer in meinem nächsten Film mitspielen will, muß sich vor mich hinfallen lassen, damit ich beurteilen kann, ob er das beherrscht.

ERWIN Im Film muß alles voller Spannung sein. Die Spannung muß bis zur Bildkante gehen.

Wie vor einem König . . .

ERWIN Mein Großvater, König Ludwig II. . . .

Der letzte Glanz auf dem Bierkrug.

Aber es geht weiter . . .

Der Neger Erwin
Filmfassung

Auf dem Viktualienmarkt zu München stellt sich an verschiedenen Ständen das Team des Films vor: Ann Poppel Kostüm und Maske bei Blumen. Ebenso Rudi Hock Licht. Vor leergesoffenen Biergartentischen Gunter Freyse Ausstattung und Standbild. Fritz Berg Ton. Hinter Kartoffeln Heidi Handorf Schnitt. Dietmar Schneider Produktionsleitung. Jörg Schmidt-Reitwein Kamera. Am Valentinbrunnen Herbert Achternbusch, der diesem Valentin nur bis ans Knie reicht, Drehbuch Regie Produktion.

Jener geht in einer bayerischen Tracht etwas abseits, nimmt aus einer Obsttüte Eier und steckt sie vorsichtig in die verschiedenen Taschen seiner Bekleidung. STIMME/OFF Das rohe Ei ist das beste Mittel zur Selbstkontrolle. Nach der Haftentlassung. Und Selbstkontrolle ist das Wichtigste. Haltung ist das Wichtigste. Nach der Haftentlassung. Diese Haltung schaffe ich nur mit den rohen Eiern. Das rohe Ei verschafft mir einen aufrechten Gang, Würde und Gelassenheit. Das rohe Ei gibt mir Mut, ein Mensch zu sein. Für mich bedeuten rohe Eier den Fortgang des Lebens und der Liebe. Mit rohen Eiern in den Taschen muß ich mich selber wie ein rohes Ei behandeln. Die anderen behandeln mich wie einen harten Stein. Ich behandele mich wie ein rohes Ei. Das ist ist die beste Selbstkontrolle . . .

In der Münchner Hauptbahnhofshalle sind nur Männergesichter zu sehen. Aus dem Bahnhofshallenlärm hören wir wieder die männliche Stimme: Du siehst Gesichter. Du siehst nur Männergesichter. Gesichter von Türken, Griechen, Bayern und Preißen. Du möchtest keines dieser Gesichter haben. Das sind gekaufte Gesichter. Geldgesichter. Arbeitsgesichter. Wenn sie merken, daß ich nichts arbeite, werden sie mir mein Gesicht herunterreißen. Ich habe ein Häftlingsgesicht, das Gesicht eines Unglücklichen. Aber jetzt bin ich frei. Seit 24 Stunden bin ich frei. Seit 24 Stunden habe ich Angst, daß jemand merkt, daß ich kein Angestelltengesicht habe, kein Kraftfahrzeugmechanikergesicht, kein Autofahrergesicht . . . Aber ich muß mein Gesicht zeigen. Muß es herzeigen. Zu Markte tragen. Sonst komme ich zu keinem Geld . . . ich muß an meine Eier denken!

Er schiebt seinen Hut hoch, zeigt sein Gesicht her.

Jetzt sind nur Frauengesichter in der Bahnhofshalle zu sehen und zu hören weiter die Stimme: Und er findet die Frauengesichter, die Mädchengesichter wunderschön. Die blonden Haare erinnern ihn an ein Hühnernest bei Tag und die dunklen Haare erinnern ihn an ein Hühnernest bei Nacht, da spürt er eine heiße Sehnsucht nach Freiheit und Liebe und er vergißt, daß in der langen Gefängniszeit sein Haar ergraut ist, sein Anzug auffallend altmodisch geworden ist. Er vergißt auch, sich vor all den tüchtigen Geldverdienermännern zu fürchten. Er spürt nur eine unbändige Lust, so ein Mädchen zum Kaffee einzuladen. Und weißt du, wann er diese unbändige Lust zum letzten Mal verspürt hat? Als er seine Verbrechen begangen hat! Aber nach diesem Gefängnisaufenthalt ist es für ihn nicht so einfach, ein Mädchen anzureden und er sagt sich: Als erstes trink ich ein Bier. So geht er an einen Imbißstand und denkt: wie komme ich zu Geld, verdammt, verdammt, da kommt ihm eine Idee . . .

Der Imbißstand ist zu sehen. Zwei Mädchen stehen da. Er sagt: Entschuldigt ihr zwei Hübschen, daß ich euch einfach so anquatsche. Ich bin der bekannte Filmemacher Achternbusch und weil sich gerade niemand nach mir umdreht, kann ich euch sagen, was ich von euch will: ihr spielt in einem Film von mir mit. Ich brauche euch für einen halben Tag, höchstens einen halben Tag.
Die beiden kichern.
FILMEMACHER Wenn ihr geeignet seid. Ich mein, für Fimaufnahmen ist ein jeder geeignet, aber die einen eben doch mehr als die anderen. Wir könnten das gleich ausprobieren.
Sie schauen verdutzt.
FILMEMACHER In meinem Film brauche ich zweierlei: ein Mädchen, das klaut, und ein Mädchen das bettelt. Ich spiele die versteckte Kamera. Los!
An einem Bierfaß ißt ein Mann, aus der Gesäßtasche schaut eine Brieftasche. Als das erste Mädchen hingreifen möchte, packt sie der Mann am Arm, als hätte er hinten Augen. MÄDCHEN Wie zählen die Nonnen? Eins zwei drei vier fünf bäh sieben acht . . .
Das zweite Mädchen bettelt: Please give me a penny? I have no mama no papa. I am so poor. Please give me a penny . . . Da ist der vermeintliche Filmemacher so gerührt, daß er ihr ein Ei gibt.
Da schreit eine Dame: Sie sind doch der . . . jetzt fällt mir der Name nicht ein! Der Filmemacher! Sie müssen mir ein Interview geben! Ich bin nämlich vom Bayerischen Rundfunk und Sie müssen mir unbedingt was von Ihrem nächsten Film erzählen. Spielt der eigentlich auch wieder

an einem bayerischen See? Also mein Lieblingssee ist der Kochelsee. Ich tät Sie so gern zu einer Fahrt zum Kochelsee einladen. Sie sind selbstverständlich mein Gast. Dann können wir über alles reden. Mein Tonband habe ich ja dabei . . .

Auf dem Wiesengrund eines Cafes direkt am Walchensee sitzen die Reporterin und der vermeintliche Filmemacher. REPORTERIN Auf der Bahnfahrt zum Kochelsee haben Sie geschlafen. Auf der Taxifahrt zum Walchensee her, die ja auf Ihren Wunsch hin stattfand, haben Sie gekotzt. Jetzt trinken Sie einen Kaffee nach dem anderen und sprechen kein Wort. Ich zahle Ihnen ja den Kaffee gerne, aber warum wollten Sie noch zum Walchensee herauf und warum machen Sie Filme?

FILMEMACHER Sind Sie froh, daß ich nicht nach Afrika will! Denn mit Afrika hat das Filmemachen für mich eigentlich angefangen. Als kleiner Bub sah ich da oben auf einer Alm ein Plakat mit einer durch die Wüste ziehenden Kamelkarawane. Da wollte ich nach Afrika, das ich mir gleich hinter dem Karwendelgebirge vorstellte. Ich fing also gleich einen Proviant an Semmeln zu sammeln an. Gegen die gefährlichen Nilpferde beschaffte ich mir ein Luftgewehr. Dann schwang ich mich aufs Fahrrad in Richtung Afrika. Am Gardasee traf ich einen Mann, der mich darauf aufmerksam machte, wie weit es noch nach Rom ist. Ich überlegte, und als er sagte, daß mich in Afrika ein Giftpfeil treffen könnte, bloß weil es ein Neger auf meine Schuhe abgesehen hat, kehrte ich wieder um. Aber es gab immer noch die Berge und ich ersehnte mir immer noch ein Land dahinter. Von da an sehnte ich mich ins Filmland, weil es dort nicht so gefährlich ist. Und so mache ich heute Filme. Aber mit Afrika hat es eigentlich angefangen. Vielmehr mit dem Plakat über Afrika. Oder sagen wir besser mit den Bergen da. Da oben hat es angefangen, da oben auf der Alm. Da hat so eine Sehnsucht angefangen. Da habe ich mich so eingesperrt gefühlt. Wie in einem Gefängnis bin ich mir da vorgekommen. Ich wollt hinaus, nichts als hinaus. Und ein jedes Mal, wenn ich einen Film mache, fühle ich mich wie aus einer Gefängnishaft entlassen. Da spür ich so richtig, wie ich den Krallen der Justiz entweiche. Da schnauf ich richtig auf. – Beide schnaufen auf. REPORTERIN Jetzt habe ich mein Tonband nicht eingeschaltet. Ich hätte ja nicht gedacht, daß Sie gleich so viel sagen. Könnten Sie das in etwa wiederholen – wenn ich Ihnen nochmals eine Frage stelle? FILMEMACHER Bestellen Sie doch den vier Damen am nächsten Tisch auf meinen Namen Kaffee und Kuchen, weil sie immer zu mir hersehen, die scheinen mich zu kennen. Ich finde sie faszinierend – schauen Sie, in welcher Anordnung sie sitzen. Die sprechen über mich.

Jetzt sehen wir drei Damen. Das Gesicht der ersten ist voll im Bild. Die zweite schaut zwar in die gleiche, in unsere, Richtung, doch ist ihr Gesicht schon halb verdeckt. Von der dritten dagegen erkennt man nur noch die Haare, wenn sie den Kopf bewegt. ERSTE DAME Ist das nicht der Polizist, der seine Frau erschossen hat? Mit der Dienstpistole aus Eifersucht? Da seine Frau während seiner Freizeit arbeiten mußte, hat er getrunken. Denn wenn er mit ihr beisammen war, hat er nicht getrunken. Seine Frau lernt einen Nigerianer kennen, wie hat er ge-

heißen? Auf jeden Fall hat der Polizist zu ihm nur Herr Neger gesagt. Der Polizist erleidet einen Nervenzusammenbruch wegen Überlastung. Dann schwerer Autounfall mit Schädeltrauma. Dann zu einer Entziehungskur nach Bremen. Zurück sucht er in der Handtasche seiner Frau nach Kleingeld für den Zigarettenautomaten und findet einen Luftpostbrief von diesem Herrn Neger. Beim Lesen ist er fast dem Wahnsinn nahe, denn solche Obszönitäten hat er noch nie gelesen.
Schwitzend hockt der Filmemacher da und fährt fort: Grüß Gott du Negerhure! Jetzt muß etwas passieren. Ich habe nicht gezielt, sondern aus der Hüfte geschossen. Ich habe die Pistole an meinen Kopf gesetzt und abgedrückt, aber es ging nichts mehr. Da habe ich die Waffe in ein Fach der Hausbar gelegt, und dann weiß ich nichts mehr. Ich bin erst in der Frühe wieder aufgewacht – in der Haftanstalt. Und jetzt sind Sie dran!
Jetzt sehen wir das Gesicht der zweiten Dame und das der Dame dahinter nur halb. ZWEITE DAME Nein, das ist doch der Bauer, der seine Bäuerin erwürgt hat, ich hab das doch in der Zeitung gelesen! Der Arme hat ganz verlernt gehabt, mit einem Menschen zusammen zu sein, als er so ein junges Ding auf seinen Hof nimmt. Im Januar waren sie auf einem Ball. Und als auf diesem Ball seine Frau eine Stunde weg war, kam ihm der Gedanke, daß sie einen Freund hat. Von dieser Stunde an, kann er sich nicht mehr vorstellen, daß er der Vater des zu erwartenden Kindes sein könnte. Am nächsten Tag wollte er sich aufhängen, wurde aber vorher bewußtlos. Einmal sieht er beim ehelichen Zusammensein einen Männerschatten in

dem bis zum Boden reichenden Vorhang. Bei der Stallarbeit und beim Mähen sieht er Männer, die sie nicht sieht. Und er denkt sich: die will mich im Irrenhaus haben, wenn sie nicht sieht, was ich sehe. Die Presse ruft er sogar an, damit sie die Männer fotografiert. Schließlich bittet er seine Frau zu sich auf den Traktor. Er nimmt seine Frau am Hals . . .

FILMEMACHER Ja das stimmt. Ich weiß nicht mehr wie lange ich sie gewürgt habe. Von meiner Eifersucht bin ich inzwischen geheilt, aber meine Frau ist tot. Aber ich sage, daß man zur Tatzeit immer unschuldig ist, weil man ja sonst die Tat nicht begehen täte. So und jetzt sind Sie dran! Und jetzt die letzte Dame allein: Ich habe doch dem sein Foto in der Zeitung gesehen. Insgesamt 15mal vorbestraft ist der. Seiner Frau hat er den Vorschlag gemacht, daß sie auf den Strich geht. Sie hat ihm gefolgt, wovon dann die Familie lebte. Und er geht zum Saufen statt zur Arbeit. Der Alkohol ist sein treuester Begleiter. Der hat abenteuerliche Mengen getrunken. Seine Alte will ihn verlassen und nicht länger unterstützen, das kenn ich doch. Das Heimkommen seiner Frau hat er abgewartet. Mit mindestens fünf Schlägen hat er ihr mit einer vollen Weinflasche mindestens drei Minuten lang den Schädel zertrümmert. Jedenfalls bis sie tot war. Und jetzt ist der schon wieder frei und sitzt am Walchensee und trinkt Kaffee! Mein Rechtsempfinden ist auf das tiefste verletzt! Ja!

Erst in dieser Einstellung sieht man, daß den drei Damen eine vierte gegenübersitzt: Das habt ihr alles sehr schön gesagt. Doch richtig ist nur eins, daß ihr ihn aus der Zeitung kennt. Er ist nämlich ein Künstler. Und der Ober bringt Kaffee und Kuchen und sagt: Der Künstler bedankt sich für Ihre Aufmerksamkeit. Und er läßt ausrichten, daß er von den Damen fasziniert ist, weil sie von ihm fasziniert sind. Und zur Erinnerung schenkt er einer jeden der Damen ein Ei. Ohhh . . . rufen sie und winken als wäre der Künstler hoch über ihren Häuptern.

In dem Sessel des Lifts, in dem nur einer sitzen kann, sitzt, nur silhouettenhaft zu sehen, der Filmemacher, auf seinem Schoß sitzt die Reporterin mit ihrem Tonband auf dem Schoß. REPORTERIN Ich würde ja so gerne einmal bei Ihnen mitspielen. Ich habe auch schon Erfahrung vor der Kamera. Ich war nämlich früher beim Bayerischen Fernsehen. Dort hat man gesagt, ich sei als Reporterin selber zu oft im Bild. Und ich würde den Befragten verdecken. Da bin ich zum Bayerischen Rundfunk gegangen. Welche Rolle meinen Sie, daß ich bei Ihnen spielen könnte? FILMEMACHER Ich kann Sie mir nur als Reporterin vorstellen. REPORTERIN Und wie sollte ich das machen? FILMEMACHER Sie sitzen auf dem fremden Schoß des Befragten und wetzen hin und her. Und da für den Zuschauer der Befragte hinter Ihnen ist, halten Sie für jede Antwort, die Sie erwarten, das Mikrofon über Ihren Kopf. REPORTERIN Und wer ist mein Partner? FILMEMACHER Ich! REPORTERIN Und wie soll der Film heißen? FILMEMACHER Der Film soll der Neger Erwin heißen. REPORTERIN Und wo soll dieser Film spielen? FILMEMACHER Der Film soll in der gleichnamigen Gastwirtschaft spielen. Sie heißt Zum Neger Erwin. REPORTERIN Und wer spielt die Hauptrolle?

FILMEMACHER Die Hauptrolle spiele ich, natürlich ich. REPORTERIN Und wer spielt die weibliche Hauptrolle? FILMEMACHER Stellen Sie mir zum Schluß noch die Frage, warum ich Filme mache. REPORTERIN Wieso »zum Schluß«? FILMEMACHER Weil Sie jetzt gleich von meinem Schoß herunterspringen müssen. REPORTERIN Ich – springen – in die Tiefe – FILMEMACHER Sie sitzen nämlich haarscharf neben meinen rohen Eiern. Wenn Sie mir ein einziges rohes Ei zerdrücken, dann verliere ich die Selbstkontrolle und stoße Sie in die Tiefe. Also springen Sie bitte. REPORTERIN Also kommen wir zu meiner letzten Frage: warum machen Sie Filme? FILMEMACHER Ich mache Film um Film, damit Schönheit entsteht, heimatliche Schönheit, bayerische Schönheit, die ja überall zerstört wird. Halten Sie das Ei, es wird Ihnen helfen, springen Sie. – Sie springt. Aus der Tiefe gellt ihr Schrei. FILMEMACHER Ich mache Film um Film, damit ich verliebt bin. Ich muß in jedem Film verliebt sein, sonst weiß ich nicht, was ich will.

Jetzt ist der Walchensee von oben in vollkommener Ruhe zu sehen und die Stimme des Filmemachers ist zu hören:

Kra Kra
Kräht die Krähe
Blau blau
Sind die Wolken
Flach liegt der See
Und mein Herz schlägt
Und schlägt wie der Wellengang
Weil ich gehe

Zur Frau meines Lebens
Ihr Körper ist weich
Wie der Flug einer Möwe

Mitten in der Landstraße geht der bayerische Filmemacher. Ein Bierauto überholt ihn, hält am Straßenrand. Eine stattliche Dame in roter Bluse und roter Hose steigt aus.

DAME Wer kommt so müde daher wie die weiße Möwe im Teer? Steig ein und sei mein Chaufför! – Er tut wie geheißen und fährt weg.

Das Auto von außen. DAME Gell sagen wir schon »du« zueinander. FILMEMACHER Ihr Körper ist weich wie der Flug einer Möwe . . . DAME Darf ich nicht »du« sagen? Vergleich mich doch mit einem anderen Vogel, Möwen mag ich nämlich nicht. FILMEMACHER Möwen mag ich auch nicht, aber ich rede vom Flug der Möwe, ihr Flug ist weich. DAME Ich mag aber die Möwen trotzdem nicht, genausowenig wie ich die Preußen mag, die sind auch vom Norden gekommen und scheißen bei uns alles voll. FILMEMACHER Ich hasse die Möwen sogar, diese Ratten der Luft. DAME Ratten der Luft? Jetzt muß ich aber dumm fragen: bist du ein Seemann oder ein Schriftsteller? FILMEMACHER Ich bin der Schriftsteller Liesmichnicht. Erwin Liesmichnicht. Ich brauch ein Papier und ein paar Bier. Ursprünglich war ich ein gelernter Flugzeugmaurer. Für 25 Mark in der Stunde habe ich mit Kelle und Wasserwaage Mauern in Flugzeugen hochgezogen. Wie es keinen Treibstoff mehr gegeben hat, habe ich für Kontergankinder Führungen in Atomkraftwerken gemacht. Wenn ich sie was gefragt habe, dann haben sie hier an der Schulter die Finger gehoben. Ich habe ihnen erklärt, daß die Atomkraft den Menschen die Arme erspart. DAME Aber ohne Arm ist der Mensch noch ärmer. FILMEMACHER Spaß beiseite! Ich bin Filmregissör! DAME Filmregissör? Interessant! Wie aufregend! Da komme ich ins Schwitzen. Heiß und kalt. Zwischen schwitzen und frieren. Da muß ich einen zischen. – Sie holt aus ihrer Handtasche eine Flasche Whisky. DAME Jetzt weiß ich, warum ich vorhin nicht an Ihnen vorbeifahren habe können. Ein interessanter Mensch, habe ich mir gedacht, da haltst und schaust. Wollen Sie auch ein Maul voll, einen Mund voll, einen Schluck, Herr Whisky ah Herr Film? FILMEMACHER Ja. Und in meinem nächsten Film kommt ein 10 Meter langer Neger vor. Wir zwei, Sie und ich, sind jetzt gerade unterwegs zu meiner Hauptdarstellerin, ihr Körper ist weich wie der Flug einer Möwe. Aus Ihnen könnte ich auch etwas machen. Wissen Sie, ein jeder Filmregissör muß einen weiblichen Star machen, das hilft ihm am besten. Auch Sie wären für den Film geeignet. Sie haben ein flächiges Gesicht . . . – Sie nimmt einen Spiegel heraus und schaut sich an. DAME Da, wollen Sie noch einmal trinken? FILMEMACHER Ja. Aber kommen Sie mir nicht zu nahe. Sonst platzen meine Eier. Dann verliere ich die Selbstkontrolle. Und die Selbstkontrolle ist die wichtigste Eigenschaft eines Filmregissörs. DAME Ja, ja, die Eier sind das Wichtigste beim Film . . . – Man hört ihn trinken, hört sie trinken und wieder ihn.

So fliegt das Auto wie eine Möwe dahin.

Auf dem Parkplatz vor der Gastwirtschaft Zum Neger

Erwin ist eine Verkehrskontrolle. Ein Baukran steht dabei. Daneben steht eine ältere Frau und sieht hoch. Der Kranführer steigt herunter und sagt: Mam, ich habe es dir schon einmal gesagt, daß ich das nicht mag, wenn du mir bei der Arbeit zuschaust. Geh in die Wirtschaft und trink dein Bier. Oder hilf den Hilfspolizisten. Ich brauch dich nicht.
Ein jugendlicher Polizist hält nur einen Schäferhund, ein Standbild. Die Mam kommt dazu und sagt: Bub, du bist ja ganz blaß. Du bist völlig überfordert. Es ist so warm wie in einer Badewanne. Gib mir deinen Hund und zieh dich aus. – Sie nimmt den Hund und der Polizist wird vor Erschöpfung ganz schlapp. HAUPTMANN Du hältst den Hund nicht. Das ist ein Schäferhund, kein Säuferhund. Geh in die Wirtschaft und trinke dein Bier!
Ein Leutnant der Bundeswehr steht mit einem Geigenkasten da. Die Mam kommt dazu und sagt: Dann laß du dir wenigstens ein wenig deinen Geigenkasten halten. LEUTNANT Ich hätte schon früher jemand gebraucht, der mich zum Geigenspiel überredet, überredet und nicht nur anbrüllt. – Auch der Hauptmann kommt dazu und sagt: Leutnant, ich hab dann schon Zeit und hör dir zu, die Zeit nimm ich mir einfach! Aber jetzt siehst du es selber: ich weiß nicht mehr, wo mir der Kopf steht vor lauter Arbeit und die Leut gaffen, als würde ein Film gedreht. Reißnägel könnte ich diesen ganzen Zuschauern in die Augen drücken.
Der Polizist mit dem MP. Die Mam kommt dazu und sagt: Du bist schon so müde wie eine Schlaftablette. Laß dir helfen, so etwas Schweres hängt man doch nicht an die

Jugend. Da winkt der Hauptmann unser Bierauto aus dem Verkehr. Alkotest, ordnet er sofort an. »Schau zuerst, ob er Tabletten im Mund hat!«

Mund auf, sagt der junge Polizist zum Filmemacher und leuchtet ihm mit der Taschenlampe in den Mund. Er findet »Speisereste! Nur Speisereste!«. Dann hält er dem Filmemacher das Teströhrchen und einen Kugelschreiber vor den Mund. Natürlich wird in den Kugelschreiber geblasen. DAME Und der blöde Hund merkt das gar nicht. FILMEMACHER Nicht doch! Das ist doch ein ganz freundlicher Polizist. – Auf die Bremse, brüllt der Hauptmann.

Auf das aufleuchtende Bremslicht leuchtet er mit einer Taschenlampe und schaut genau hin. HAUPTMANN Meinst, ich könnt jetzt feststellen, ob dem sein Bremslicht geht! Fränzi! – Fränzi damit beschäftigt, das Röhrchen zu betrachten, kommt. HAUPTMANN Du, ich will dich nicht vor den Leuten blamieren: aber wenn du einem Fahrer schon den Kugelschreiber in das Maul hältst, dann schau wenigstens auch am Kugelschreiber nach! Bremsen! Leucht du auf das andere Licht! – Jeder leuchtet auf ein Bremslicht. HAUPTMANN Wenn wir beide unschlüssig sind, muß der Fahrer aussteigen. Aussteigen!

Die Dame steigt aus. DAME Siehst, darum ziehe ich immer eine Hose zum Autofahren an, damit mir die Polizei nicht unter den Rock hinaufleuchten kann. – Langsam quält sich der Filmemacher aus dem Auto und geht sofort in die Knie. DAME Seht ihr das jetzt selber, daß der nicht mehr gehen kann, daß der fahren muß! Mein Regissör ist total erschöpft, weil wir seit 16 Tagen Tag und Nacht unterwegs sind. Wir kommen nämlich nonstop von Hollywood. Ich bin nämlich Filmschauspielerin, und wir wollen dieses Lokal Zum Neger Erwin besichtigen.

HAUPTMANN Entschuldigen Sie, Frau Filmschauschau. Aber was wollen Sie denn! Bei der Ausbildung, die wir genießen! Wir kennen auf dem ganzen Revier nur einen Witz! Einen zweiten können wir uns gar nicht merken! Mit Müh und Not kann ich den Jungen das dümmste Kartenspiel beibringen! Und die Überstunden! LEUTNANT Was will denn die Dame? HAUPTMANN Dumm angeredet habe ich sie, derweil ist sie aber vom Film und ertragt es nicht. Herrgott! Ich wär ja auch lieber beim Film als bei der Polizei! LEUTNANT Da bin ich dagegen! Die Polizei soll keine Filme machen, denken Sie an das Ausland. Ich bin dafür, daß Säufer Filme machen. Denn der Säufer kennt seine Heimat.

Die Dame führt den wankenden Filmemacher an ein Mäuerchen. DAME Nur nicht die Selbstkontrolle verlieren! Aber Vertrauen ist besser als Kontrolle! FILMEMACHER Rohe Eier sind besser als Kontrolle und Vertrauen zusammen. DAME Eine weinende Frau ist zu hören.

Die Weinende schiebt ein Rad.

Die Dame geht ihr entgegen. DAME Mein Gott, was ist passiert? Ist dir dein Mann gestorben? Um den Säufer ist doch nicht schad! Oder hat er seinen Wochenlohn versoffen? Oder hat er gar seinen Arbeitsplatz verloren zwecks der ewigen Sauferei?! Herr Regissör, jetzt lassen Sie sich was einfallen! FILMEMACHER Hauptmann, was haben

Sie mit der Frau gemacht? Haben Sie ihr die Luft aus dem Reifen gelassen? Oder haben Sie in ihre Einkaufstasche geboxt? HAUPTMANN Hören Sie doch auf! Ich muß doch immer gleich selber mitweinen. – Unterdessen hat der Filmemacher die Reifen untersucht und in die Tasche am Lenkrad geschaut. »Aha! Da haben wir die Ursache! Ein Eierbrei!« Er hat die Hände voll Eierglitsch. FILMEMACHER Jetzt lassen Sie sich was einfallen! Sagen Sie ja nicht die Wahrheit!

HAUPTMANN Die weint doch nicht wegen der zerbrochenen Eier, auf die ist sie wahrscheinlich in ihrem Rausch hinaufgefallen. Die weint doch, weil sie meint, daß aus Ihrem Bub nichts mehr wird, weil er den ganzen Tag nichts tut. Rühr dich halt ein wenig, wenn du schon siehst, daß deine Mutter wegen dir weint! Du faules Standbild! Aber der lernt schon noch mehr als das Hundehalten!

Stoisch steht der junge Polizist mit seinem Schäferhund da.

FRAU Der könnt sich doch mit seiner grünen Uniform genauso gut in den Wald hinaushocken! – Weinend tröstet der Polizist die weinende Frau: Bittschön glauben Sie mir das eine, daß ich mich auch am liebsten in den Wald hinauslegen möchte, aber uns zwingt das Geld. Apropos grün! Zeigen Sie mir Ihren Führerschein!

FILMEMACHER Ich habe aber nur noch 8 von meinem Zehnerblock! HAUPTMANN Reißen Sie mir einen ab! FILMEMACHER Dann habe ich nur noch 7. Und wenn man mir die 7 abgenommen hat, dann muß ich zu Fuß laufen. Das ist das Ende meiner Filmkarriere! – Er weint.

DAME Weine nicht, das ist nur ein Gesichtsausdruck und ein Gesichtsausdruck ist nur der Ausdruck von so einer Nervosität. Jetzt springst auf meinen Bauch, daß ich dich zu deinem Film trage. Da brauchen wir keinen Führerschein. Siehst, so eine Körperkraft, die trägt den anderen. So etwas mögen die Leute im Kino sehen, da können sie lachen . . . – Sie trägt ihn weg wie ein Kind.

Großaufnahme von Susns Gesicht. Erwin, sagt sie, du . . .? Nach jedem Satz des Filmemachers, der mit »Erwin« gemeint ist, sagt sie ein irgendwie gehorsames, dünnes und trockenes Ja. Nur langsam lockert sich ihr Gesicht, bis es Feuer fängt.

FILMEMACHER/STIMME An dich denken war sehr schön. – Ja. – Auf den unterirdischen Flüssen meiner Gedanken bewegte ich mich auf dein gelbes Haus zu. – Ja. – Niemand konnte mich kontrollieren, wenn meine Gedanken deine grünen Fensterläden schlossen und öffneten. – Ja. – Niemand konnte meine Gedanken von der Nacht oder vom Tag unterscheiden. – Ja. – Denn meine Augen sahen deine Augen. – Ja. – Und kam ein Brief von dir, pochte mein Herz mit 156 Schlägen in der Minute. – Ja. – 156mal in der Minute deinen Namen – Ja. – Und einmal pochte es sogar 173mal. – Ja. – Susn Susn Susn –

Jetzt sieht man, wie der Filmemacher noch von der Dame getragen wird, die in entgegengesetzter Richtung zwei Männern beim Armdrücken zuschaut. An einem Tisch setzen sie sich gegenüber, und wer des anderen Arm auf den Tisch drücken kann, ist der Sieger. FILMEMACHER Ich lag in der Zelle und hatte Angst, man würde mein Herz verhaften.

FILMEMACHER Ich lag auf dem Bett und hatte Angst, man würde mein Herz verhaften, extra verhaften. Ich lag gefangen und hatte Angst, man könnte mir mein Herz nehmen und in Einzelhaft abführen. Ich hatte Angst und mein Herz hatte Angst. – Da sich die Dame umdreht, verschwindet der Filmemacher und wir haben das Gesicht der Dame vor Augen. DAME Wenn ich fragen darf: worum geht es da? Und 6 doppelte Kognak!
SUSN Ja, wissen Sie, das ist so ein alter Brauch seit Jahrhunderten. Der Gastwirtschaft ist das Recht geschrieben, daß sie einen Neger als Hund halten darf. Seit Kriegsende dürfen wir dafür nur noch weiße Neger nehmen. Es ist halt eine Attraktion für den Fremdenverkehr. Die einen sagen, wenn ein Neger an der Kette hängt: Hängt ihn doch los, den armen Neger. Habe ich aber keinen an der Kette, heißt es, wo ist denn der neue Neger? Hängts doch wieder einen hin! Wo soll ich denn die Kognak hintragen?
DAME Laß ihn gleich stehen. Jaja, ich habe schon gehört von derer Wirtschaft. Und solange es in Bayern das Drachenstechen, das Hundetreten, das Kinderabtreiben, das Frauenschinden, das Knödelwerfen und Arbeiterfürdummhalten gibt, warum soll es da nicht auch noch das Negeranketten geben! Also prost! Was hast denn zur Zeit für einen an der Ketten? SUSN Eben keinen! Die zwei drücken es aus, wer es wird. Aber der Erwin war mir der liebste Neger und wird es auch bleiben. Aber den haben sie mir abgeführt, weil er 4 Bayern in die Waden gebissen hat und einen Preußen hat er mit der Hundekette erwürgt. Das kannst du dir ja denken, so einen, der auf

alles herunterschaut. Glauben Sie mir, oft habe ich mir gedacht: Gott sei Dank, daß der Erwin die Hundehütte gewöhnt ist, dann wird er es im Gefängnis schon aushalten. Auf Ihr Wohl!

DAME Ja Prost! Aber ich muß da wieder zuschaun. Weil den Sieger von den zwein werde ich mir vorknüpfen! Und du gehst gar nicht mehr runter von mir!? Dem gefällts bei mir. Da, schau dir den Kampf an! Geh doch runter! – Die Dame läßt den Filmemacher einfach von ihrem Bauch herunterfallen. DAME Wissens, das ist ein Filmregissör! SUSN Vielleicht fürchtet er sich vor mir. DAME Das mag schon sein, ha! Ha! Sagen wir du zueinander! Prost! SUSN Prost! Kriegst noch einen? DAME Nein, weil sonst hätt ich gleich 7 bestellt. Aber den, den du trunken hat, den kannst mir noch geben. Der Filmemacher erhebt sich wieder ins Bild, prüft die Eier in seinen Taschen: okay.

Jetzt sieht man endlich groß, wie die beiden drücken. Aber im Hintergrund hockt der Kranführer. ALOIS Und ich sag dir eins, Franz, der Neger Franz wirst du ums Verrecken nicht! FRANZ Alois, von mir aus kannst du ruhig der Neger Alois werden. Schwarz angeschmiert mit der Ketten um den Hals, an die Hundshütten angekettet. – ALOIS Ob ich in die Arbeit geh oder an einer Hundshütten häng, das ist mir wurscht. Aber die Wirtin, die kriegst mir du ums Verrecken nicht! FRANZ Auch die Wirtin ist mir wurscht. Ich druck mit dir aus rein sportlichen Gründen, das weißt du genau. – Der Kranführer im Hintergrund möchte zahlen.

KRANFÜHRER Da hast 10 Mark für dein Bier und den

Kognak. Die 4 Mark kannst du dir behalten. Die brauch ich nimmer. Ich spring heut vom Kran.
SUSN Und unser gemeinsames Kind?
KRANFÜHRER Gemeinsames Kind! Ich denk an das gemeinsame Konto!
Die Drücker wieder im Vordergrund. ALOIS 1500 Mark hat ihm die Wirtin vom gemeinsamen Konto abgestaubt und ist mit mir nach Paris. Laß ihn doch springen! FRANZ Ich laß ihn eh springen. Und dann hat er es immer schon angedroht. ALOIS Der wollts ja schon vom Kirchturm runter probieren, aber er ist mit dem Blitzableiter heruntergefallen. – Die Polizisten gehen hinter ihnen vorbei. ALOIS Schau dir die Polizistlein an: das Mitleidstrio! FRANZ Da kannst du sagen, was du magst, Alois, mich bringst du gar nicht aus der Ruh. – Und auch der Leutnant der Bundeswehr mit seiner Geige taucht hinter den beiden auf. LEUTNANT Was ist denn hier los, bin ich bei den Affen im Urwald? Das ist eine ehrliche Frage! Er scheint die Frage an die Dame zu richten, die hinter Franz gespannt steht und zusieht. DAME Da ist eine Kraft dahinter, sehen Sie das nicht Herr Herr – ich kann mit so einem hohen Viech vom Militär nicht reden. Herr Filmregissör, rede du mit ihm.
Er ist mit Susn an der Theke. SUSN Film?
FILMEMACHER Es darf einfach niemand sagen, daß ich ein Verbrecher bin! SUSN Erwin, du warst mir mein liebster Neger. Ich trau mich dich nicht streicheln mit meiner rauhen Hand. FILMEMACHER Und du siehst immer noch aus wie eine Madonna. SUSN Es ist nicht einfach, den ganzen Tag arbeiten und den ganzen Tag schön sein,

wie das die Wirtschaft von mir verlangt. FILMEMACHER Aber das ist doch genau der Beruf einer Filmschauspielerin! Habe ich was Verkehrtes gesagt?

Wieder alle. LEUTNANT Ich halte meine Frage aufrecht, nach dem, was hier los ist. Die Dame dreht sich zum Filmemacher um. DAME Sapperlot! Da muß man doch als Filmemacher was sagen können, was da los ist, zu so einem Körperausdruck!

Susn und der Filmemacher wieder allein. SUSN Ich komm aus der Wirtschaft nicht mehr raus. Du siehst es ja in der Gaststube: Alles ist leer, nichts von Afrika mehr. Auch dein Lieblingsbild hängt nicht mehr in der Gaststube. Ich habe es verschenkt. Unsere Urlaubsträume von Afrika –

FILMEMACHER Das Bild, auf dem ein Neger von einem Löwen gefressen wird? Das Bild, das mich am Leben gehalten hat als ich lag in der Wüste der Zeit, als Neger in der Wüste, schwarz von der Gefangenschaft in der Wüste der Zeit . . . verschenkt? Ich spürte den Atem des Löwen über mir, der Löwe Staat fraß schon meine Eingeweide und schnaufte mir seinen Gestank ins Gesicht – LEUTNANT Ich erwarte eine Antwort vom Film, sonst übergebe ich die Frage der Polizei. Also, was ist hier los, bin ich im Urwald oder nicht! – Der Filmemacher kommt hinzu und deutet auf die Kämpfenden im Vordergrund: Aber nein, Sie sind Zeuge eines militärischen Kampfes. LEUTNANT Ich sehe nur Affen, die sich lausen und keinen Deut einer militärischen Vernunft!

Jetzt sind Schimpansen auf freier Wildbahn zu sehen. FILMEMACHER/STIMME Sehen Sie denn nicht dieses

Schlachtschiff von Vernunft? – Es ist ein Flugzeugträger zu sehen. »Diesen riesengroßen Flugzeugträger militärischer Vernunft?!«
LEUTNANT/STIMME In dieser kreischenden äffischen Unvernunft kann ich nur eine Attrappe von Vernunft erkennen, wie gesagt eine Attrappe von Vernunft. – Man sieht bei seinen Worten eine Leopardenattrappe, vor der sich die Affen fürchten.
FILMEMACHER/STIMME Und die Partikel militärischer Unvernunft, die aus heiterem Himmel auf das Schlachtschiff der Vernunft purzeln, die sehen Sie nicht, sehen Sie nicht, wie diese Einmannflugzeuge nicht mehr die Vernunft erreichen, wie sie neben der Vernunft in den Ozean sausen, wie sie hinter der Vernunft in den Ozean stürzen, wie sie sogar auf der Vernunft zerbersten! Sehen Sie nur, Herr Leutnant, wie unfähig das Schlachtschiff der Vernunft ist, die Einmannflugzeuge der Unvernunft auf seiner Landebahn zu versammeln. – Das Gesagte ist mittels Filmaufnahmen aus dem Zweiten Weltkrieg auf einem amerikanischen Flugzeugträger im Pazifik zu sehen.
FILMEMACHER/STIMME Leutnant, ich flehe Sie an, lassen Sie sich überzeugen, daß das Flugzeug, der Vernunft auch versenkbar ist, was nur ein militärischer Verlust wäre, aber unser Herz doch diesen Piloten der Unvernunft gehören muß. FILMEMACHER/STIMME Sehen Sie sich doch diesen einen Affen an. Wie zögernd er sich diesem Pappleoparden nähert! Wie vorsichtig er mit diesem Pappkameraden der Unvernunft umgeht. Wie linkisch aber wie unverzagt er sich einen Ast greift! Was für ein zaghafter Versuch der Vernunft, aber eben der Ver-

nunft, diesem kläglichen Gebilde der Unvernunft den Schrecken zu nehmen. Denken Sie doch genau so vorsichtig und so standhaft über das Militär nach. Über den Staat nach. Sehen Sie, jetzt wirft er den Ast auf die Attrappe. Spüren Sie die lebendige Vernunft in ihm? Begreifen Sie nicht auch so die schrecklichen Attrappen der Unvernunft? LEUTNANT/STIMME Ja, ja, ja, ich werde die Uniform ausziehen. Ich werde versuchen, mein Geigenspiel zu vervollkommnen, mit dem ich in der Kindheit begonnen habe. – Man sieht noch ein friedliches Bild von der Affenherde. Diese Schwarzweißaufnahmen sind vom Ozean hellblau und vom Urwald gelb eingefärbt. Erschöpft schleppt sich der Filmemacher an die Theke zu Susn. SUSN Stärke dich. DAME Ich brauche auch eine Stärkung! Das gibts doch nicht, daß der seine Uniform auszieht. Das gibt es nicht! – Jetzt kommt eine schimpfende Italienerin, mit einem Parkzettel fuchtelnd. DAME Geh nur gleich mit, damit du wieder was siehst. In der Ecke hocken die 3 Polizisten und spielen Karten. Am gleichen Tisch zieht der Leutnant seine Uniform aus. Schon fährt die Italienerin dazwischen. HAUPTMANN Da haben wir Zeugen, daß wir den Parkzettel nicht geschrieben haben. Aber den zerreißen wir. Und zu was darf ich Sie einladen, zum Trinken? – Da meldet sich der Kranführer: Du wirst dich doch nicht zur Polizei hinsetzen, setz dich zu mir her. – Was sie auch tut.

LEUTNANT Meine Herrschaften, ich bitte um Ruhe. Ich beginne mit dem Geigenspiel. Aber hier stinkt es.

HAUPTMANN Und zwar nach Hundescheiße. Du bist dran. Nicht mit den Karten, mit dem Witz! Die können sich einfach keinen zweiten Witz merken. Und zwar nach Hundescheiße. Du? ZWEITER POLIZIST Ah – es sind ja gar keine Hunde da. HAUPTMANN Und jetzt du, was sagst du? DRITTER POLIZIST Ich sag das von den Hunden. HAUPTMANN Aber was? Was sagst du, wenn ich sag, daß es nach Hundescheiße stinkt und er sagt, daß gar keine Hunde da sind, was sagst du darauf? Mein Gott! Du sagst: Die werden schon noch kommen. Ist denn das so schwer? – Resigniert sagt der dritte Polizist: Die werden schon noch kommen. Der Kranführer legt den Arm um die Italienerin und sagt: Ich kann nur ein Wort auf italienisch und das heißt Bambini. ITALIENERIN Spaghetti? KRANFÜHRER Ja, Spaghetti kenn ich auch. ITALIENERIN Avanti? KRANFÜHRER Avanti! Stimmt. ITALIENERIN O sole mio? KRANFÜHRER O sole mio auch! Aber singen kann ich es nicht. – Entschuldigen Sie bitte, wenn ich mich einmische, ist des Filmemachers Stimme zu vernehmen. Aber darf ich ein wenig Regie machen, ich bin nämlich ein Filmemacher, der Leutnant könnte doch jetzt O Sole Mio spielen. KRANFÜHRER Machen wir da vielleicht einen Film! Hernach, wenn ich vom Kran spring, da kannst einen Film machen. – Schon dirigiert der Filmemacher den Leutnant. Zwischen den Köpfen der Italienerin und des Kranführers geht der Geigenbogen des Leutnants hin und her. ITALIENERIN Kran? Grande? KRANFÜHRER Ich bin Kranführer. Eigentlich bin ich ein gelernter Metzger. Aber heute spring ich vom Kran herunter. ITALIENERIN Springen? Spingere? KRANFÜHRER Nach 6 Stunden hat das Kalbfleisch noch in der Hand gezuckt. Bis zu den Knöcheln ist mir ein jedes Mal das Blut in den Gummistiefeln gestanden. Mein eigenes. Das heiße und das kalte Wasser im Schlachthof. Da sind mir die Zehen aufgebrochen. Roßhaarsocken haben nichts geholfen.

FILMEMACHER Bewundern Sie doch seine Augen. Bewundern Sie doch sein Hemd. Vergleichen Sie Ihre Hand mit der seinen. Berühren Sie seine Brust. Geben Sie ihm einen Kuß auf das Ohr.

KRANFÜHRER Ich will der Wirtin nichts mehr. Obwohl wir ein Kind miteinander haben. Ein Konto haben wir auch miteinander. 1500 Mark hat sie abgehoben und ist mit einem anderen nach Paris gefahren. ITALIENERIN Paris fahren? Du! KRANFÜHRER Mit dir tät ich auf der Stell nach Paris fahren. Aber ich habe kein Geld. ITALIENERIN Geld? Geld! KRANFÜHRER Jetzt habe ich wieder kein Geld für eine gemeinsame Wohnung und ich mag auch nicht mit ihr zusammenwohnen! Mit dir tät ich gleich zusammenziehen. ITALIENERIN Ich Geld ich Wohnung Paris Rom egal. KRANFÜHRER Scheißroßhaarsocken! Scheißfünfzehnhundertmark! Prost! Da spring ich nicht! Da spring ich extra! Ich spring vom Kran. Heit bin ich ein Kranich der fliegen kann! Prost! Was magst? A Bier an Schnaps an Wein . . . – Und die Italienerin bewundert seine Augen, sein Hemd, schaut in seine Hand und legt die ihre darauf. Sie berührt seine Brust und gibt ihm einen Kuß aufs Ohr, so daß dem Kranführer ganz anders wird. Der Filmemacher wendet sich an Susn: Wie habe ich das jetzt gemacht? SUSN Und was machst du mit mir? FILMEMACHER Ich bewundere dich. SUSN Aber weißt du was: du mußt eine Frau lieben. Dann schaut sie auch schön aus. FILMEMACHER Schonen? SUSN Nein. Lieben. Mäßig aber regelmäßig. Nicht nur alle vier Wochen. FILMEMACHER Da werde ich wieder jammern, wenn ich wieder von dir weg bin! SUSN Jammern? Bleib doch da! FILMEMACHER Ich kann jetzt nicht so viel arbeiten, nach der Haftentlassung. SUSN Ich bin froh, wenn ich meine Arbeit allein machen kann. Dafür steh ich spät auf. FILMEMACHER Ich steh auch spät auf und ich will viel allein sein. SUSN Bei der Arbeit habe ich sowieso keine Zeit für dich. FILMEMACHER Ich mach dann den ganzen Tag nichts. SUSN Und das wird dir nicht langweilig? FILMEMACHER Manchmal schon. SUSN Was machst du dann? FILMEMACHER Dann trinke ich. SUSN Allein? FILMEMACHER Ich rede dann. SUSN Und dann? FILMEMACHER Dann trinken wir zu zweit. SUSN Wie lang? FILMEMACHER Je nach dem. SUSN Auch tagelang? FILMEMACHER Mhm. SUSN Da muß ich nicht die ganze Nacht dabeihocken? FILMEMACHER Nein. Ich gehe dann in eine Bar oder wohin. SUSN Und dann? FILMEMACHER Dann schauen wir, ob was geht. SUSN Und dann? FILMEMACHER Dann wird es vielleicht schön, dann wird es vielleicht leichter. SUSN Dann bist du mir untreu. FILMEMACHER Dann bin ich nicht ganz treu. SUSN Bevor ich es vergesse: du bist wegen mir da. FILMEMACHER Susn, dein Körper ist weich wie der Flug einer Möwe . . . – Bis jetzt haben sie zu dem Walzer Kleine Janette getanzt, aber jetzt umarmen sie sich. SUSN Du bist ja ganz naß. FILMEMACHER Meine Eier!

Er nimmt von ihr Abstand: die Spuren der zerdrückten

Eier sind an allen Taschen zu sehen. Er öffnet die Jacke, er stülpt die Hosentasche um: zerdrückte Eier. Ein Eierbaz.

Der Kranführer schaut sich das an und kriegt einen Lachanfall. Mit dem warst in Paris haha! Mit dem warst in Paris haha! DAME Jetzt setz dich wieder hin! KRANFÜHRER Ich muß bloß auf das Klo. Schließlich bin ich ein anständiger Mensch. – Verächtlich deutet er auf den schweinischen Filmemacher. SUSN Und was ist das? FILMEMACHER 4 Peperoni. – Auf dem T-shirt hat er 3 große rote Peperoni. Und er zählt von der Brust bis unter den Gürtel.

SUSN Und wer hat die Hosen am schnellsten herunten? DAME Ja, jetzt nehmts euch endlich Zeit füreinander, ich mach inzwischen die Wirtschaft. Schließlich bin ich nicht umsonst Kellnerin! Ich brauche Bewegung, sonst zwickt mich der Bauch, ich werde dick!

Sie rennen hinaus. SUSN Wo machen wir es? FILMEMACHER Auf einem Teppich. SUSN Der Teppich ist zu hart. FILMEMACHER Und das Bett, das ist zu weich. SUSN Und zu ehelich zugleich. FILMEMACHER Und der Hof ist zu kahl. SUSN Die Straße zu brutal. FILMEMACHER Und an der Wand? SUSN Mitsamt dem Gewand? FILMEMACHER Ich möchte dich bei den Tieren verführen im Park. – Am Ende des Flurs, neben dem Pissoir, sind sie stehen geblieben, wo sie die Kamera erwartet hat. SUSN Die Tiere sind tot. Ausgestopft in der Scheune. Ein Wärter bewacht sie. Auch so verdiene ich was. FILMEMACHER Der Park ist leer? Nichts von Afrikas Tierwelt mehr? SUSN Ja, die Tiere sind fort, die Preußen haben

ihre Häuser dort. Ins Pissoir ritzt der Kranführer ein Herz. Damit fertig: Ich hab die Viecher abschlachten müssen! Er sticht in das Herz. Aber ein Herz, wie er es als Metzger kennt: ein Klumpen.
Die Scheune ist sehr groß: riesige Glaskuben, darin naturgetreu afrikanisches Leben in der Steppe und im Busch. SUSN Der Wärter möchte über seinen ehemaligen Chef ein Buch schreiben. Davon erhofft er sich eine Million. Aber der Chef hat selber ein Buch geschrieben. 60000 Mark hat ihn die Veröffentlichung gekostet. Mit einem Mercedes, der 74000 Mark gekostet hat, hat er das Buch von seinem Chef in den Rundfunk und in die Sparkasse gefahren. Da ist er ja.
In grauem Mantel, die Augenlider nach oben geklappt, die Haare nach hinten gekämmt und die Arme auf den Rücken verschränkt, kommt der Wärter. WÄRTER Massa verrückt wenn Massa Auto fahren Mercedes. Ich sagen: Mein Gott! Massa rasen im Würmtal. Ich sagen: Mein Gott, was passieren. Zwei Mann arbeiten auf Straße. Wenn die nicht springen in Wald 2 Arbeiter Massa fahren tot. Massa lachen. Massa sagen: Wie springen Mann in Wald haha! Er denken großes Auto nicht gehen kaputt. Massa nicht denken an Arbeiter. – Aschfahl ist dieser Mann vorübergegangen.
SUSN Den treffen wir schon wieder. Der war früher Chaufför. Anfangs wollte er noch 20 Jahre »diesen Mist« mitmachen und 5 Jahre später noch 15 undsoweiter. Als er zu mir ging, hätte er noch 9 gehabt. Als er ging, hat ihm der Chef bestätigt, daß er eh nichts getaugt hat. Da wenn alle Arbeiter gegangen wären, hätten alle nichts getaugt.

Das war eine Fabrik, wo sie Aufträge von anderen Fabriken gekriegt haben. Da kommt er eh schon wieder. Die haben nahtlos geschweißt.
WÄRTER Massa machen einen Plan: Straße für Dampfheizung, was man immer gießen Massa wollen schweißen wie Autotüren. In schöner sagen: Nicht gehen. Kommen Professor und rechnen und sagen: Nicht gehen! Massa sagen: Muß gehen! Viel Scheißarbeit. Immer verbessern. Kommen kein Ende. Und Scheißdreck wegwerfen. Halbe Million im Eimer. – Wieder ist er weg.
SUSN Der geht auch im Museum herum, wenn es nicht offen ist wie heut. Das mußt du dir einmal erzählen lassen, wenn er von seinem Chef erzählt, wie nett der immer zu den Arbeitern war. Er hat die Arbeiter immer zuerst gegrüßt und freundlich ins ganze Gesicht guten Morgen. Bei der Brotzeit: Schmeckts? Aber dann geht er zum Meister, wenn die Lehrlinge noch essen und er sagt als Chef: Die fressen zu lange! Bitte stellen Sie das ab. Hör ihn dir selber an!
WÄRTER Zu neuem Betriebsrat Massa sagen: Sie wollen arbeiten in Büro oder zurück zu Schraubstock? Jeder wollen lieber sein in Büro. Massa sagen dann zu Rat: Du willst sein in Büro, dann du machen, was ich sagen. Alle gut bezahlt. Kommen Mann von Gewerkschaft, damit hören, was Betriebsrat wollen. Rat sagen: Wir hören, Bezahlung über Tarif, was wollen? Was wollen? Kommen Gewerkschaftmann zu Massa in Biro und legen goldene Uhr auf Tisch von Massa und sagen zu Massa: Nur eine halbe Stunde Zeit!
SUSN Später hat dann sein Chef zu ihm im Auto gesagt:

Muß der dumme Mann von der Gewerkschaft seine goldene Uhr auf den Tisch legen! Ich habe keine goldene Uhr, das sehen die Arbeiter. Dann kommen Arbeiter in das Zimmer vom Chef und der Gewerkschaftler schimpft auf die Arbeiter und der Chef schickt den dummen Kerl weg. Für die Arbeiter ist die Regierung immer schlecht. Am schlimmsten ist die SPD. Wenn die Regierung mehr Geld braucht, dann verlangt die Gewerkschaft mehr Bezahlung für die Arbeiter, und mehr Bezahlung, mehr Steuern für die Regierung. Und die Regierung kann viel an die Reichen bezahlen. Da, der sagt das den ganzen Tag. WÄRTER Damit können Arbeiter fahren schöne Auto von BMW sie müssen essen Sonntag Marmelade. Ich kommen Montag in Fabrik, Arbeiter sagen: Kannst du mir ein Markl pumpen, damit ich können kaufen mir ein Brotzeitl. Massa gehen durch Fabrik und grüßen Arbeiter. Arbeiter an einem Schraubstock streiten: Mich hat er gegrüßt! Nein, mich hat er gegrüßt. Ich sagen: Arschlöcher! Arschlöcher seid ihr!
SUSN Das sagt der den ganzen Tag. Langsam wirds weniger. Er ist mein Bruder. Wie du im Gefängnis warst, habe ich mir denkt, bevor sie ihn in die Nervenklinik stecken, kommt er bei mir unter.
FILMEMACHER Kannst du dich an den Elefanten erinnern, wie mir der einmal nach ist? Ich rannte nicht, ich flog über den Boden. FILMEMACHER Moto hat er geheißen, Moto das Feuer. Sie stehen vor dem ausgestopften Elefanten. FILMEMACHER Aber Anita fehlt, wo ist Anita? SUSN Anita lebt, aber sie ist krank. Rührt sich kaum mehr. Im Hintergrund die Scheune, im Vor-

dergrund eine Hundehütte. Die beiden, Susn und der Filmemacher, kommen so nah heran, bis man nur noch ihre Füße sieht. SUSN/STIMME Seit 3 Tagen ist die Hütte leer. Selbst die Kette ist weg. In der Zeitung war einmal ein Bericht über ihn.

Ein Zeitungsfoto ist zu sehen, darauf ein Neger auf allen vieren an eine Hundehütte gekettet.

Susn mit dem Foto. SUSN Den fand ich im Grab meines Vaters. Da pflanze ich und pflanze ich, und alle Pflanzen verschwinden von der Graboberfläche und unten in Afrika wächst ein Urwald nach dem anderen und ich stehe jeden Tag vor dem leeren Grab. Blumendünger habe ich in das Grab gestreut. Mairol. Das hat geholfen. Negerkrause. Das dunkle Glas des Leichenhauses spiegelte einen erwachsenen Neger wider. Ja, der war echt. Auf der Mission stand er in einem kalten Zimmer. Jesus an die Wand genagelt hielt er für den Mann der Ordensfrau. Weil der Mann viel zu klein ist, beißt er die Ordensfrau in den Oberschenkel. Er ist wie jemand, der keinen Verstand mehr hat, nackt auf dem Pferd gesessen. Auf einer Gartenparty sprang er vom Pferd, schnitt seinem Chef das Herz heraus, biß ein Stück davon ab und spuckte es ihm ins Gesicht. In meinem Leben tauchen immer wieder Neger auf. Sie sind die Unbegreiflichkeit des Lebens selbst. Ich fürchte mich. Ich höre das Unglück laufen . . .

Der Filmemacher ist um das 4 Tonnen schwere Nilpferd bemüht. Anita, sagt er, Mamba Anita, kennst du mich noch? Wenn du mich kennst, dann drehe das Ohr. Sie ist krank, sie braucht Bewegung, sie ist zu dick. Komm, komm!

SUSN Vielleicht hat sich der Neger im Maul des Nilpferdes versteckt, da wurde er vom Nilpferd verschluckt. Wie er sich im Grab meines Vaters versteckt hat. FILMEMACHER Vielleicht war es ihm auch nur zu kalt. Ich kann mich auch an verdammt kalte Nächte in der Hundehütte erinnern. SUSN Du warst doch nicht drin, du warst doch bei mir. – Während sie so reden, schaut der Filmemacher im weit aufgerissenen Maul des Nilpferds nach. FILMEMACHER Ich sehe nichts. Aber wenn es den Neger verschluckt hat, wie bringen wir den heraus? Er steigt auf ihren Rücken und hüpft. Susn schaut im Maul nach, aber es kommt nichts. SUSN Es kommt nichts.
Mam kommt zur Hundehütte. Der Bubi – steigt auf den Kran – will springen – helft – du bist schuld – wenn er stirbt – Mistweib – Drecksau – Nimmt das Geld von meim Sohn – laßt mich mein eigenes Enkelkind nicht aufziehn – hat es mit einem jeden, aber meinen Sohn läßts nicht mehr hin – bringt ihn um – erbarmungslos – Negerhure – ins Zuchthaus – ins Narrenhaus – Todesstrafe – tödliche Krankheiten wünsche ich dir – Multisklerose – bis zum Hals sollen sie dich eingraben, und dann mit einem Prügel den Kopf wegschlagen – weine Zuschauer weine – – Sie kann sich nicht mehr helfen und weint selber. Der Filmemacher treibt das Nilpferd und Susn wankt nebenher. Der Kranführer auf dem Kran. Am Treppenaufgang zur Gastwirtschaft stehen Leute und gaffen. Tief unten kommt das Nilpferd. Hoch und höher. O sole mio. GAFFER RUDI Der spinnt! GAFFER DIENSTMANN Der tuts! GAFFER HAUPTMANN Der tuts nicht! GAFFER LEUTNANT Der ist zu feig! GAFFER

DAME Polizei! GAFFER HAUPTMANN Fällt dir nichts Besseres ein! GAFFER MARIANNE Der Glückliche! GAFFER ARZT Der Unglückliche! GAFFER HELGA Die Italienerin war so gut zu ihm, und schon fühlt er sich im 7. Himmel und möchte fliegen! Er ist ganz oben. KRANFÜHRER Ihr Deppen, was wollts ihr da unten . . . Susn schreit. Der Kranführer liegt auf dem Nilpferd. Der Filmemacher untersucht den Kranführer: Der lebt. Das Nilpferd hat ihm das Leben gerettet. Mamba! Wunderbare Mamba Anita. FILMEMACHER Und was schaut dir aus dem Maul? Zwei Negerbeine! Kommt doch alle her und helft mir ziehen! Einen zehn Meter langen Neger ziehen sie aus dem Maul des Nilpferds. Der dehnt sich so, weil er schon halb verdaut ist. Er lebt noch, tragt ihn alle in die Scheune. Und kommt dann in die Wirtschaft ich geb einen aus. Soweit der Filmemacher. Susn hingegen lehnt an der Wand. Sie ist verwirrt und sagt vor sich hin: Das Fließband steht still. Die Menschen müssen gaffen. Ein Mensch, der nicht gafft, geht an Ergötzungsmangel zugrunde, das ist ein qualvoller Tod. Und wenn das Fließband stillsteht, kommen am Ende der Stadt keine Menschen mehr auf die Welt, nicht in München oder sonst wo. Und wenn die Menschheit gafft und nicht lockt, tragen die Störche die Kinder über Land und lassen sie in den Bosporus fallen . . . – Die Dame kommt dazu: Wirtin du bist verwirrt. Leg dich ein wenig hin! SUSN Wo bin ich, abgesehen davon, daß ich auf einem Ast sitze? Oh, wenn man nur einschlafen dürfte auf dem Baum! Nur sich so hinkriegen, daß es eine Lappalie ist zu leben. Leben und auch sterbend lebendig sein. Führ mich zu meinen Kindern. DAME Wirtin, du hast doch keine Kinder. SUSN Doch doch einen ganzen Haufen eine Herde . . . – Sie verschwinden im Haus. Im selben Flur, wo zu Beginn dieses Rundgangs Susn mit dem Filmemacher noch so lustig war, ist sie jetzt am Arm der Dame, der sie führt, völlig entgeistert. SUSN Im Kaufhaus sehe ich meine Babys Rolltreppen fahren und wie sie am Ende der Rolltreppe, wo die Stufen flach werden und verschwinden, einfach zermantscht werden. Manche der Kleinen haben Rollkragenpullover an. Ich sage Grüßgott Grüßgott und sie antworten Grießbrei. Auch für einen Kinder liebenden Neger sind es zu viel Kinder in diesem Kaufhaus. Du mußt eben die Kinderliebe ablegen, denn die schwarze Haut kannst du nicht ablegen. Und plötzlich steht er ohne Haut im Kaufhaus auf der Rolltreppe. Er knallt in die Kindermassen das ist kein Genuß wie man meinen könnte daß es schön ist zwischen Kindern zu sein und noch einmal die Augen zuzumachen und auf das Wohlergehen zu warten das kommen wird und das einem doch die ganze Gesellschaft bereiten wird . . . nein!!! die ziehen dich aus der Rolltreppe werfen dich auf die Rolltreppe lassen dich auf der Rolltreppe liegen und gaffen sich eins wenn sie nichts anderes machen und zu tun haben sie ja immer was diese Rolltreppendeppen und da fällst auch du in diese Kinderscheiße denn viele Kinder gehen nicht erst hinter der Rolltreppe zugrunde sondern schon vorher und der tote Dreck bauscht sich auf und du erkennst nur noch Rollkragenpullover und sagst dir das hätte ein einflußreicher Herr im Rundfunk werden können und jetzt ist er ein totes halbes Kind denn die andere

Hälfte hat die Rolltreppe gnädigerweise verschlungen – – Susn ist automatisch in das Pissoir vor dem geritzten Herz des Kranführers gelandet. SUSN Ich habe Momente von Verzweiflung, die ich immer gehabt habe. Im Pissoir streichelt die Dame die Metzgerherzen: Wirtin jetzt sage ich dir eins: wir kennen uns zwar erst seit heut nachmittag, aber wie es mit dir ausschaut, das habe ich in der kurzen Zeit gemerkt! Du mußt ausspannen. Ich bin 21 Jahr Bedienung. Ich spring bei dir ein und du fahrst in Urlaub. Und mit diesen Negergeschichten hören wir ganz auf. Zum Teufel mit diesen Negern! Wir nehmen uns eine Negerin und die macht Samstag und Sonntag Striptease. Und in die Hundehütte stecken wir einen Hund, das ist doch ein Saustall, wie du fertig bist! – Sie umarmen sich und wiegen sich. In der Gaststube wird der schnupfende Filmemacher von einem Gast namens Rudi attackiert: Kannst du mir sagen, warum du Filme machst? Ich kann mir nur eins vorstellen, wegen dem Geld. HAUPTMANN Geld! Einen jeden interessiert nicht Geld. Meinst ich bin wegen dem Geld bei der Polizei? Ich bin bei der Polizei, weil es bei der auch Menschen geben muß! LEUTNANT Wohlgesagt, Hauptmann! Und ich hoffe, dieser Herr Filmemacher, dieser Filmemacher Siehnichtweg, Erwin Siehnichtweg, wenn ich richtig verstanden habe, berechtigt zu Hoffnungen. – DIENSTMANN Die Hoffnungen, die kein Priester mehr aussprechen kann, die Filosofie, die sich mit dem Staat verheddert hat, der Staat, der unser aller Untergang ist . . da bleibt nur die Kunst. Aber nur die verkommenste aller Künste, der Film, darf den Versuch wagen, unseren Nachkommen zu sagen, daß auch wir Menschen gewesen sind. Was die nach uns wohl kaum glauben wollen. – In derselben Einstellung ist der Filmemacher am Ende des Tisches: Jetzt geht es wieder von vorne an. Der Filmemacher auf dem Tisch: Prost meine Zuschauer! Redet nicht so geschwollen, wenn es um so dummes Zeug wie die Filmerei geht. Ich möchte zum Beispiel nur drehen, was heute in dieser Wirtschaft geschehen ist, diesen einen Tag. Und mit euch allen! Aber ich bin kein Filmemacher mit einem Drehbuch, sondern mit einer Schnupftabakdose. Die habe ich immer in der Hosentasche. Schnupf und rede! Das ist meine Devise.

In den folgenden Einstellungen sehen wir die Einzelnen. Jedem gibt der Filmemacher eine Prise Schnupftabak und sie reden. RUDI Was soll ich sagen? Ich möchte mein Segelboot verkaufen. Wie oft fahr ich schon auf dem Ammersee. Ich könnt dann auf dem Boot meines Freundes mitfahren. Der hat eh ein schöneres Boot. Aber dann muß ich fahren, wenn er fahren will. Obwohl wir uns gut verstehn. Aber mein Boot heißt wie mein Hund Pluto. Und mein Hund segelt immer mit mir. Auf dem anderen Boot fühlt sich mein Hund bestimmt nicht wohl. Was soll ich machen? Am liebsten würde ich das halbe Segelboot verkaufen. HAUPTMANN Ja tu eine Pris her, dann muß ich weinen, das paßt zu meinem Leben. Was soll ich jetzt sagen? Meine Freundin will ich verlassen. Ach Scheiß, ich geh heute nicht zum Kegeln. Meinen Bauch möcht ich wegbringen oder wenigstens verkleinern. Auf jeden Fall probier ich kein neues Haarmittel mehr aus. Das kannst du doch vergessen!

Der Leutnant schnupft. Der Dienstmann schnupft. Sie bekommen weinende Gesichter.
Alois schnupft beim Drucken. Ein jedesmal, wenn die rubingläserne Schnupftabakdose ins Bild kommt, ertönt japanische Musik.
Der Filmemacher schnupft selber. FILMEMACHER Diese Einstellungen mit Laien gefallen mir am besten. Weil, da kann ich keinen Schauspieler hinhocken, der wie der oder der schauen soll. Ein Laie schaut eben, wie er sein Leben lang schaut. Und was er sagt, ist immer Mist, aber wenigstens kein angelernter.
Ein Arzt: Ja gib mir einen Schnupftabak. Habe ich nötig. Ich habe eben den Kranführer versorgt, er mußte ins Krankenhaus. Auch so ein Hirnrissiger, der nichts zum Bumsen hat. Eine Prise bitte. Schnupftabak hilft gegen alles und Katarrh. Gegen Verstopfung und für Deutschland. – Aber wie er sich sein Gesicht verschmiert. ARZT Marianne, willst du auch? Marianne schnupft und weint. Jetzt hockt die Reporterin mit verbundenem Kopf und verbundenen Armen da. FILMEMACHER Darf ich mich bei Ihnen entschuldigen, indem ich von Ihrem Körper schnupfe? REPORTERIN Was ist das für eine Entschuldigung. FILMEMACHER Eine schöne! REPORTERIN Wenn ich Ihr Ei nicht gehalten hätte, wäre ich schon tot. – Er schnupft von ihrer Schulter. Hinter ihm ist ein gewisser Bert und will ihm in die hohle Hand einen Hundertmarkschein geben. BERT 100 Mark geb ich dir, wenn ich in deinem Film auch was sagen darf. Die Reporterin lacht vor Wonne »kitzelt so«. Der Filmemacher gibt zu verstehen, daß er 2 Hunderter möchte.

BERT Was zwei möchst gleich! Aber hier wird nicht gehandelt, hier wird gefackelt! – Und er gibt zwei.
BERT Was ich zu sagen habe, ist folgendes: Der Rausch ist etwas ganz anderes als der Verstand. Der Verstand ist an den Rausch angehängt. Und der Rausch kommt noch dazu. Der Verstand gesellt sich winselnd dazu mit seinem Afterblick. Die Gesellschaft setzt auf den Verstand, der nicht vorhanden ist. Der Verstand versteinert die Menschen seit Jahrtausenden. Das ist alles fänomänal. DAME Ich nehme an, Sie sind ein Doktor. BERT How do you know? Aber ich bin auch Bert der Barbar. Und wenn ich betrunken bin, dann bin ich Johnadreams, der Hansdampfinallengassen. DAME Das macht nichts. Weißt, mit einem Nüchternen geb ich mich gar nicht ab. BERT Wozu sich mit einem Nüchternen abgeben?! Alois und Franz drucken nach wie vor. FRANZ Herrgott ich brauch jetzt an Schnupftabak. ALOIS Gibst auf? FRANZ Na, aber schnupfen möcht i. ALOIS Punkt 8 schnupf ich. In 2 Minuten. BERT Ist es nicht wunderbar, wie unsere Buben drucken?! Da kriegen wir wieder einen Neger! Das gibt eine Sauferei! Beim letzten Neger sind wir gleich 14 Tag nicht heimgegangen. Um die Hundehütte sind wir gelegen und haben gebellt, aus lauter Sympathie. So haben wir gebellt ... – Und er bellt mit einem Rüssel. Die Dame schubst ihn aus dem Bild. DAME Mit der Druckerei könnts ruhig aufhören. Die Wirtin mag keine Neger mehr. Das braucht es nimmer. Wir lassen jetzt am Wochenend eine Negerin tanzen. ALOIS Also hören wir auf. FRANZ Unentschieden. ALOIS Meinetwegen unentschieden. Ja mach halt deine Hand auf. FRANZ Mach du

doch die deine auf! DAME Gell bringts die Finger nimmer auf. – Die Dame hilft ihnen, aber die Arme können sie nicht strecken, obwohl sie es probieren. FRANZ Geh streck einmal meinen Arm. – Der Filmemacher schubst die Dame aus dem Bild und streckt unter Krachen den Arm von Franz. ALOIS So stark bist du nicht, geh her und druck mit mir! – Der Filmemacher verliert hintereinander und als Alois mit dem Drücken aufhört, wackelt sein Kopf noch die Niederlagen nach. Aber da packt er mit beiden Armen den Arm von Alois und zieht ihn zu sich her, streckt ihn, daß Alois vor Schmerz aufschreit. ALOIS Ich glaub, du brauchst eine Flugstund, du Kruzifix! Da ist der Filmemacher schon weg auf den Tisch. Der braucht eine Flugstund, schreit Alois. Aber der Hauptmann geht dazwischen. HAUPTMANN Hör doch auf! Morde schrecken die Leute nicht mehr, Morde sind sowas von vorbei. Aber die Wirklichkeit, da reißt es die Leute vom Stuhl. Selbstmörder sind gefragt, so wie du! ALOIS Geisteskranke wollen die Leute sehen, so wie dich! Oder was sagst du vom Fach? – Er fragt zum Filmemacher hinauf, der nur entgegnet: Ich habe immer Angst, daß ich erwischt werde. Daß ich hinfalle. Aber das ist Privatsache. Im Film muß alles voller Spannung sein, das ist das Wichtigste. Die Spannung muß bis zur Bildkante gehen. Senkrecht geht die Spannung, waagrecht geht die Spannung – – Er deutet das Bildformat aus, aber der Zuschauer sieht wie er in ein Essen tritt und gleich wie er vom Tisch fällt bei seiner Ausweisung, taucht auf und sagt: Hinfallen muß ein Filmschauspieler können, kurz: sportlich sein. FILMEMACHER Wer in meinem nächsten Film mitspielen will, muß sich vor mich hinfallen lassen, damit ich beurteilen kann, ob er das beherrscht. Bedienung, schreiben Sie sich doch die Namen auf. Wie heißen Sie eigentlich? DAME Helga heiße ich. Ich bin die starke Helga. FILMEMACHER Hauptmann, machen Sie den Anfang! Wie heißen Sie? HAUPTMANN Heli Neumayer. FILMEMACHER Aufschreiben! Hinfallen! – Und er läßt sich hinfallen. FILMEMACHER Leutnant! – Der Leutnant grüßt militärisch und sagt militärisch: Ich heiße Dietmar Schneider und lasse mich jetzt hinfallen. ARZT Ich heiße Alex Szombathy und möchte mich auch hinfallen lassen. RUDI Ich heiße Rudi Hungbauer und möchte zuschaun. REPORTERIN Ich bin die Gabi Geist, und doch heute schon vom Herzogstand-Lift heruntergefallen. BERT Ich bin der Bert Huber und laß mich hinfallen. ALOIS Ich bin der Alois Hitzenbichler und versteh einen Spaß. FRANZ Franz Baumgartner, und laß dich trotzdem hinfallen. –

Die Helga schreibt, und der Filmemacher gibt kurze Kommentare zum jeweiligen Hinfall.

HELGA Wennst mich fragst, was mir im Fernseher am besten gefällt, wenn der Liebhaber sagt: Erinnerung! Da stand die liebliche Maid. Gegenwart! Sie steht so bescheiden in der Sonne und das rötliche Haar leuchtet in der Sonne und sie errötet so rot. Wenn das einer sagt, den könnte ich mit den nackten Händen erwürgen. Und züchtig schlägt sie die Augen nieder. FILMEMACHER Ich frag dich später, schreib die Namen auf! HELGA Also, ich heiße Helga, Helga Loder. Ich fall dir schon hin, wenn du unbedingt meinst. Aber eins möcht ich Sie fragen: Sag einmal, hast denn du keine Probleme, weil du dich so um uns kümmerst? FILMEMACHER Mein Großvater König Ludwig II. ist damals nicht im Starnberger See ertrunken. Sondern hinübergeschwommen ist er nach Possenhofen, wo ihm die Kaiserin Sissi eine Kutsche bereitstellen hat lassen, und mit der ist er nach Paris gefahren, inkognito. In Paris ist er im bürgerlichen Leben untergetaucht, hat eine Familie gegründet und ist erst 1921 gestorben. Ich bin sein Enkel und habe nichts als die Einsamkeit. Und so einsam wie ich lebe, werde ich auch in meinem Grab liegen. Dieses Thema ist doch für einen Film unzumutbar! Oder?

Die anderen stehen vor ihm. FRANZ Ah, darum ist der König damals so hoch aufgebahrt worden, damit ihn niemand erkennt. LEUTNANT Und darum ist er so wächsern dagelegen, weil er aus Wachs gewesen ist! HAUPTMANN Dann bist du eigentlich unser König. Der König von Bayern. Unser Kine! HELGA Der sich aso für sein Volk interessiert. Für uns! Mei, werden sie ihn doch nicht ins Narrenhaus einweisen. ALLE Der König soll leben! FILMEMACHER Ihr wollt doch alle in meinem Film mitmachen. ALLE Film Heil! FILMEMACHER Dann laßt uns alle an einen Tisch setzen. ALLE Tisch Heil! – Alois und Franz heben ihn auf seinem Stuhl hoch und tragen ihn an den großen Tisch bei der Theke, wo auch alle Platz nehmen. FILMEMACHER Und weil wir alle unglücklich sind, soll es nur um unser Glück gehen. ALLE Glück Heil! – Aber von jetzt an schreien alle nur noch das Allbekannte aus dem Sportpalast. FILMEMACHER Jetzt hocken wir alle an einem Tisch. Wollt ihr den totalen

Tisch? ALLE Ühäh! Nur einen Polizisten haben wir. Jedem Bürger einen von der Polizei! Wollt ihr die totale Polizei? ALLE Ühäh! Und keiner hat ein Bier. Wir wollen Bier. Wollt ihr den totalen Rausch? ALLE Ühäh! Einen Haufen Arbeitslose haben wir aber nur einen von der Bundeswehr. Alle Arbeitslosen in die Bundeswehr! Und dann an die Arbeit! In den Krieg! Wollt ihr den totalen Krieg? ALLE Ühäh! ARZT Was ich euch nicht gesagt habe, der Kranführer ist gestorben. Ich bedauere diesen Selbstmörder. Aber wie ihr euch aufführt: ihr seid alle Selbstmörder! FILMEMACHER Wollt ihr den totalen Selbstmord? ALLE Ühäh! HELGA Jetzt führt euch doch nicht so auf! Die Wirtin hat heute durchgedreht, nervenkrank ist sie geworden. FILMEMACHER Wollt ihr den totalen Wahnsinn? ALLE Ühäh! – Die ganze Gastwirtschaft plärrt mit. FILMEMACHER Schluß! Das könnt ihr in eurem Leben machen, aber nicht in meinem Film! ALOIS Jetzt möcht er aufstehn und abhaun. Aber wir wollen den totalen Film! – Und wie er es sagt, schiebt er den Tisch dem Filmemacher in den Bauch, so daß er nicht auskann. ALOIS Wollt ihr den totalen Film. ALLE Ühäh! ALOIS Wollt ihr den mörderischen Film? ALLE Ühäh! ALOIS Wollt ihr den Film mit der totalen Aktion? ALLE Ühäh! ALOIS Wollt ihr den normalen Film? ALLE Ühäh! – Bei jeder Frage haben sie den Tisch zurückgezogen und bei jedem Ühäh ihn wieder in den Filmemacher gestoßen. Er liegt auf der Tischplatte.

HELGA Mein Gott! Hörts auf! Der ist ja schon hin. ARZT Ich kann nur bestätigen, was die Dame sagt. Tot durch Milzruptur. LEUTNANT Gut, daß ich nicht mitgemacht habe. HAUPTMANN Ich schreib mir gleich alle Namen auf. MARIANNE Ihr Drecksäu! REPORTERIN Das hätte nicht sein müssen. RUDI Jamei . . . FRANZ Da ist ja Chaplin ein Dreck dagegen. ALOIS Mich leckst am Arsch! FILMEMACHER Ist nicht so schlimm. – Schau mich bitte nicht so an, sagt die Musik.

Eine Landschaft mit Wasser in der Dämmerung, afrikanische Frösche quaken. Das Nilpferd kommt in dieses Bild, darauf reitet Susn in weißem Nachthemd. Wie seine Vorstellung treibt der Filmemacher das Reittier an. Lebensmüde geht Susn ans Wasser. Zögernd zieht der Filmemacher seine Haferlschuhe, seine Lederhose, seine Trachtenjoppe aus. Und folgt Susn ins Wasser. Worin sich das Nilpferd lebensfroh tummelt.

SUSN Das Nilpferd ist weg. FILMEMACHER Mamba Anita ist jetzt kein Nilpferd mehr, sondern ein Isarpferd. SUSN Oder die Isar heißt jetzt der Nil. FILMEMACHER Dann liegt München am Nil. SUSN Und Bayern ist in Afrika. FILMEMACHER Dann kann ich ja für meinen nächsten Film Entwicklungshilfe beantragen. SUSN Ja. Tus!

Anhang

Der Neger Erwin

Die Schauspieler

Der Neger Erwin	Herbert Achternbusch
Die Wirtin Susn	Annamirl Bierbichler
Starke Dame	Helga Loder
Starke Männer	Alois Hitzenbichler
	Franz Baumgartner
Polizeihauptmann	Helmut Neumayer
Leutnant	Dietmar Schneider
Kranführer	Siegfried Mayer
Reporterin	Gabi Geist
Museumswärter	Sepp Bierbichler
Italienerin	Lisa Fitz
Gäste	Rudi Hungbauer
	Bert Huber
	Alex Szombathy
	Marianne Färber
Mam	Karolina Herbig
Weinende Frau	Lotte Koll
Polizistlein	Andreas Achternbusch
Mädchen am Hauptbahnhof	Rut Achternbusch
	Rita Achternbusch
	Judit Achternbusch
Damen am Walchensee	Ingrid Hungbauer
	Katherina Teichgräber
	Brigitte Oberländer
	Angela Neumayer

Ober	Jörg Schmidt-Reitwein
Dienstmann	Gunter Freyse

Und das Nilpferd Mamba Anita vom Zirkus Atlas

Das Team

Maske und Kostüme	Ann Poppel
Standbild und Ausstattung	Gunter Freyse
Aufnahmeleitung	Sabine Jähnert
Ton	Fritz Berg
Regieassistenz/ Schnitt	Heidi Handorf
Kamera	Jörg Schmidt-Reitwein
Produktionsleiter	Dietmar Schneider
Buch/Regie/ Produktion	Herbert Achternbusch

Von Herbert Achternbusch
erschienen im Suhrkamp Verlag

Hülle. *Drei Erzählungen.* 1969.
Das Kamel, *Vier Erzählungen.* 1970.
Die Macht des Löwengebrülls. 1970. *edition suhrkamp* 439
Die Alexanderschlacht. 1971. *suhrkamp taschenbuch* 61
L'État c'est moi. *Erzählung.* 1972. *edition suhrkamp* 551
Der Tag wird kommen. *Roman.* 1973
Die Stunde des Todes. *Roman.* 1975
Land in Sicht. *Roman.* 1977
Es ist ein leichtes beim Gehen den Boden zu berühren. 1980.

Achternbusch Werke. 3 Bände. 1978
Band 1: *1969* (Das Kamel. Die Macht des Löwengebrülls)
Band 2: *Die Alexanderschlacht*
Band 3: *Die Atlantikschwimmer* (Der Tag wird kommen. Herz aus Glas. Die Stunde des Todes. Das Andechser Gefühl. Die Atlantikschwimmer. Land in Sicht. Bierkampf. Servus Bayern. Ella. Der junge Mönch)

Alphabetisches Gesamtverzeichnis der suhrkamp taschenbücher